RAPPORT

SUR LA QUESTION

DE

L'UNITÉ OUVRIÈRE

Présenté aux Congrès des Bourses du Travail, à Alger
et Corporatif, à Montpellier, en 1902.

PAR

L'UNION DES SYNDICATS DE LA SEINE

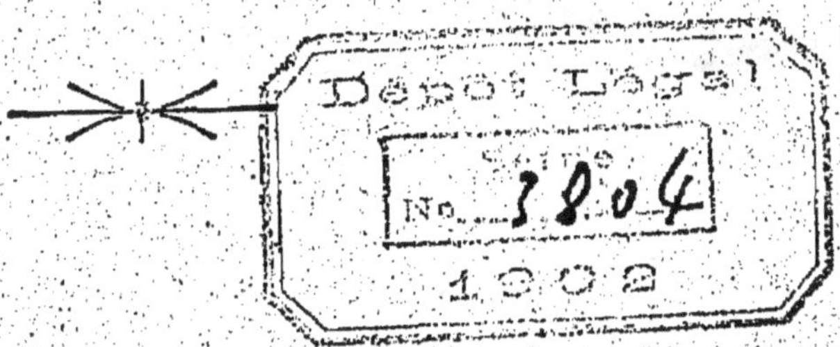

PARIS

IMPRIMERIE NOUVELLE (ASSOCIATION OUVRIÈRE)

11, RUE CADET, 11

1902

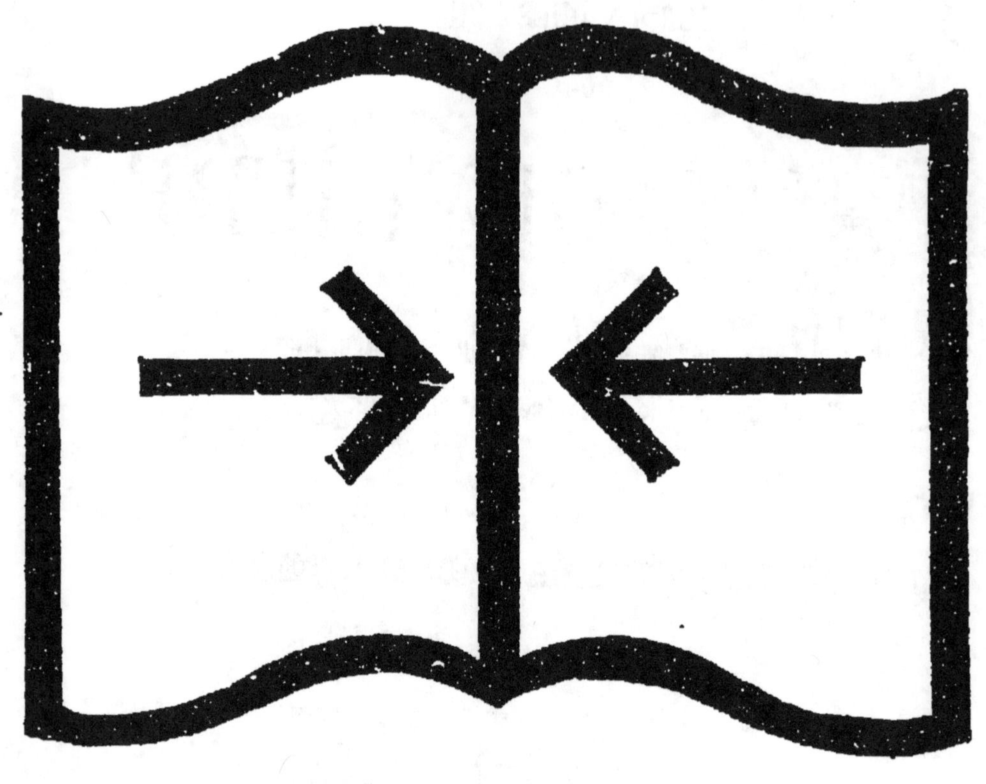

RELIURE SERRÉE
ABSENCE DE MARGES INTÉRIEURES

RAPPORT

SUR LA QUESTION DE

L'UNITÉ OUVRIÈRE

Présenté aux Congrès des Bourses du Travail, à Alger
et Corporatif, à Montpellier, en 1902

PAR

L'UNION DES SYNDICATS DE LA SEINE

INTRODUCTION

Un antagonisme profond, indéniable existe du fait
de l'organisation économique de la société capitaliste
entre ceux qui font travailler et ceux qui se trouvent
dans la nécessité de louer leur bras ou leur force-travail
pour un salaire.

Les premiers, possesseurs des moyens de production
et d'échange, jouissent de ce fait dans la société d'une
supériorité incontestable, qui va jusqu'à mettre les
seconds à leur entière disposition.

Les travailleurs, pour résister aux exigences et à l'avi-
dité chaque jour grandissante de ceux qui font travailler,
pour pouvoir résister efficacement, se sont groupés,
ont formé des sociétés de résistance entre ouvriers de

même profession connus aujourd'hui sous le nom de *Syndicats ouvriers*.

Comme il était, et il est encore, plus que jamais difficile à l'ouvrier isolé de résister aux exigences de son employeur, les travailleurs groupés dans les syndicats se sont bientôt aperçus qu'il leur était encore difficile de lutter efficacement contre les propriétaires des moyens de production qui se sont, eux aussi, groupés pour défendre leurs privilèges et pouvoir tirer de ceux qu'ils exploitent le plus de profit possible.

Au groupement des capitalistes, les travailleurs ont répondu en rapprochant les syndicats d'un même métier ou d'une même industrie et ont formé de puissantes Fédérations de métiers ou d'industries.

D'un autre côté, pour les besoins locaux, pour se faciliter la besogne, les syndicats ouvriers d'une même ville se sont réunis et ont fondé des Unions de syndicats, des Bourses du travail.

Si ces deux sortes de fédérations répondent bien à deux besoins différents de l'organisation ouvrière, il n'en est pas moins vrai que le but poursuivi est le même au sein des deux organismes. Une meilleure et plus équitable répartition, c'est-à-dire des avantages matériels et moraux immédiats dans la société actuelle, puis enfin la conquête d'une société plus libre où l'homme ne se ferait plus l'exploiteur inhumain de son semblable.

**

Il s'agit à présent, sous le nom, qui a fait fortune, d'*Unité ouvrière*, de rassembler dans un même faisceau ces différents aspects de l'organisation ouvrière et de faire qu'il y ait à la fois unité de pensée, unité de but, unité de moyens.

La question simple peut-être en apparence, était

complexe dans son application. Il s'agit ici, ne nous le dissimulons pas, ni plus ni moins de doter l'organisation économique que s'est donnée la classe ouvrière d'une *Constitution*. Ce que l'on nous demande en effet, sous ce nom d'*Unité ouvrière*, c'est d'apporter les statuts d'un nouvel organisme groupant l'ensemble de nos organisations diverses.

La question était complexe; aussi, faisant abstraction des idées personnelles que nous pouvions avoir sur le sujet, nous nous sommes efforcés, nous inspirant des discussions, articles, controverses, projets, etc., etc., qui ont eu lieu ou qui ont été publiés sur la question, de présenter à votre approbation un projet qui, certes, n'est pas exempt de critique — tout étant toujours critiquable — mais qui, nous en sommes persuadés, offre en même temps que les bases d'une organisation sérieuse toutes les garanties désirables en faveur de l'autonomie des organismes si divers, et toute la somme de liberté compatible avec une bonne et solide organisation.

La grande question — et il ne faut pas oublier que ce sont des *Bourses du Travail* qui en sont les initiatrices, Aix d'abord, puis Montpellier — ne cherchons pas à nous le dissimuler à nous-mêmes, ni à vouloir le cacher à personne, est d'enlever à l'actuelle Fédération des Bourses son caractère d'organisation centrale. Nous nous sommes conformés à ce qui semble être l'avis de la majorité des organisations, mais nous avons tenu à ce que fussent assurés tous les services jugés utiles qu'a créés la Fédération des Bourses du Travail.

Pour cela, nous croyons que ce que nous appellerons désormais la Commission des Bourses du Travail doit jouir au sein de la Confédération générale du Travail d'une grande autonomie. Vous verrez que nous avons tenté, sinon réussi à concilier cette autonomie avec une bonne organisation unitaire. Mais avant, peut-être n'est-il pas inutile de présenter quelques explications d'ordre général sur les attributions des divers organismes composant la Confédération, sur le rôle dévolu à chacun, et enfin sur les causes qui nous font demander, en ce qui concerne la Commission des Bourses du Travail, une large autonomie ne pouvant que fortifier l'organisation unitaire.

Les Bourses du Travail ont avant tout, dans l'organisation syndicale, un rôle presque exclusivement moral et éducateur. En même temps qu'une Bourse doit organiser le marché du travail dans une ville ou dans une région, c'est-à-dire s'occuper de procurer du travail à ses adhérents; elle doit être un centre éducatif pour les travailleurs et, par ses cours professionnels et ses conférences, viser à relever la valeur technique et intellectuelle de la classe ouvrière.

Elle doit aussi dans l'avenir, en créant des « Musées du Travail », parvenir à ce que les travailleurs, obligés de se déplacer, soient à même de se rendre compte des prix de la main-d'œuvre dans les différentes corporations et en même temps du coût de l'existence dans la région; besogne toute morale et utilitaire.

Et c'est justement ce rôle joué par les Bourses dans l'organisation syndicale qui fait qu'en cas de conflit nous devons chercher à les préserver. En effet, nous devons prévoir des grèves se généralisant et atteignant les forces vives des nations, et nous devons éviter, dans ces moments de lutte, de fournir des prétextes aux pouvoirs publics pour les fermer ou les dissoudre.

A la Fédération de métiers, d'industrie ou au syndicat de mener le combat, de chercher les moyens qu'elle juge les plus aptes à procurer des améliorations à ses adhérents — augmentation de salaire, diminution du temps de travail, hygiène des ateliers, etc., etc. — l'obtention de ces améliorations entraînant presque toujours un conflit avec le patronat ; tandis que la Bourse, en tant que Bourse, tout en restant le centre de réunion, s'abstient de prendre part au conflit, son administration s'en tenant absolument en dehors.

Et ce sont ces différences d'attributions, que nous n'avons pas créées, mais qui répondent bien à deux besoins qui font, qu'en se complétant, l'organisation syndicale se présente sous deux aspects différents.

En laissant aux seuls syndicats intéressés ou aux Fédérations de mener le combat, nous enlevons aux pouvoirs publics toutes raisons de fermer les Bourses en cas de conflit entre le capital et le travail. C'est là l'une des causes principales qui nous font penser que ce serait agir sagement et surtout avec prévoyance en laissant, dans le sein même de l'organisme unifié, l'autonomie de fait que nous assurons dans le présent rapport à la Commission des Bourses du Travail.

Nous nous sommes donc efforcés, nous servant de l'expérience du passé, de doter la classe ouvrière d'un organisme unifié, mais qui avant, toute autre chose conservait ce qui a été reconnu bon, utile, qui a rendu des services incontestés et même, nous pouvons le dire, incontestables à l'organisation économique de la classe ouvrière.

Nous avions tout d'abord à examiner les deux projets qui nous sont soumis par la Fédération des Bourses du Travail, à laquelle l'*Union des Syndicats de la Seine* est adhérente.

Beaucoup d'entre vous — tous même — vous connaissez ces deux projets.

Quoique le projet Briat soit susceptible de faire cesser l'antagonisme que l'on dit exister entre les organismes centraux qui représentent si bien les deux aspects de l'organisation économique que les travailleurs se sont donnés, nous sommes obligés de déclarer que ce projet ne répond pas à ce que beaucoup d'organisations et de militants entendent sous le nom d'*Unité ouvrière*.

Du projet Thierrart, nous avons pris les grandes lignes, mais en cherchant à donner plus d'élasticité au nouvel organisme que nous voulons créer.

Nous nous sommes efforcés de laisser dans notre projet une liberté grande, une autonomie large, aux deux aspects que revêt l'organisation de la classe ouvrière; liberté et autonomie sont compatibles et ne peuvent que fortifier notre unité d'action.

Il y a bien, en effet, comme nous venons d'essayer de le démontrer, deux aspects dans l'organisation économique des travailleurs. D'un côté son organisation morale. éducative, utilitaire représentée par les Bourse du Travail. De l'autre, groupements de lutte, de combat, de résistance, représentés par les Fédérations d'industrie ou de métiers.

Nous ne croyons pas qu'il soit possible, et encore moins qu'il soit souhaitable, de voir disparaître l'un ou l'autre de ces organismes. Les rapprocher, leur donner une vie commune, c'est ce que nous pouvons désirer de mieux.

Au reste, il n'est pas à notre connaissance un seul projet vraiment sérieux présenté jusqu'à ce jour qui ne reconnaisse implicitement qu'il n'y a pas lieu, tout en rapprochant les deux catégories d'organismes, de laisser à chacun une certaine autonomie de fait.

Notre projet, croyons-nous, répond donc bien au désidératum général, et quelque critique que l'on puisse lui faire — et il n'en manque pas — c'est bien un projet très complet d'*unité ouvrière* que nous soumettons, dans ce rapport, à votre appréciation.

Voici en effet comment est constituée la nouvelle organisation à laquelle, pour plusieurs motifs, dont le principal est qu'il répond bien à ce qu'il désigne et aussi parce qu'étant connu il est inutile d'amener des confusions, nous conservons le titre actuel de : *Confédération Générale du Travail.*

Ce titre étant admis, nous définissons comme suit le *but* poursuivi par notre Confédération Générale du Travail :

But.

ARTICLE PREMIER. — La *Confédération Générale du Travail*, régie par les présents Statuts, a pour objet :

1° Le groupement général des salariés, pour la défense de leurs intérêts moraux et matériels, économiques et professionnels ;

2° L'unification des efforts de la classe ouvrière pour son affranchissement intégral et la suppression de l'exploitation de l'homme par l'homme.

Les éléments constituant la Confédération se tiennent en dehors de toute école politique.

Sauf quelques légères modifications cet article premier, qui a trait au but poursuivi par la Confédération Générale du Travail, est dans la forme et dans le fond l'article premier de l'actuelle Confédération.

Constitution.

ART. 2. — La *Confédération Générale du Travail* est constituée par :

1° Les Fédérations Nationales d'industries et de métiers, à leur défaut, les Fédérations régionales de syndicats de même profession ou de même industie et par les syndicats nationaux.

Elle admet en outre les syndicats dont les professions ne

sont pas constituées en Fédération ou dont la Fédération n'est pas adhérente à la Confédération.

Les syndicats admis isolément seront groupés par industrie, chacune d'elle formant une branche de la Confédération.

2° Par les Bourses du Travail, les Fédérations locales ou régionales de syndicats *divers* — et sans qu'il y ai superfétation.

C'est bien là une constitution unitaire : les *Bourses du Travail* font partie intégrante de la Confédération au même titre et dans les mêmes conditions que les Fédérations de syndicats de même profession.

Des objections non sans valeur ont été présentées à diverses reprises, et la question méritera d'y revenir, sur la constitution des Fédérations régionales de syndicats d'une même profession ; aussi de certaines Fédérations locales, mais d'un commun accord, tout en reconnaissant ce que pouvait avoir d'anormal certaines de ces organisations, nous n'avons pas cru qu'il soit absolument nécessaire de soulever cette année cette importante question.

Par contre, vous avez pu voir que dans le second paragraphe qui a trait à la Constitution nous rattachons les Fédérations locales ou régionales de syndicats divers aux Bourses du Travail et que nous avons terminé par ce paragraphe — et sans qu'il y ait superfétation.

Ceci demande quelques explications.

Le Congrès, qui s'est tenu l'an dernier à Lyon, avait en effet décidé — il nous serait facile d'expliquer dans quelles conditions — que les Fédérations régionales des syndicats divers fussent admises à la Confédération. Doctrine, quoi qu'on en ait dit, un peu bâtarde ; car qu'est-ce en réalité que ces Fédérations, sinon des

Bourses du Travail, mais sans le bâtiment. C'est pourquoi, si nous les admettons au sein de l'organisme unifié, nous spécifions bien, sans qu'il y ait superfétation, c'est-à-dire que ne pourrait pas adhérer à la Confédération une Bourse du Travail et une Fédération ayant son siège dans une même ville.

Il y aurait certainement encore beaucoup à dire, mais il nous faut abréger. Cette constitution organique que nous vous soumettons est bien une constitution unitaire. Les Bourses du Travail font partie intégrante de la Confédération Générale du Travail au même titre que les Fédérations ou Syndicats nationaux.

Cette Constitution étant établie, nous avons ensuite, nous inspirant toujours des observations, discussions et critiques présentées, recherché comment, et de quels éléments serait composée la nouvelle organisation, et nous vous soumettons la Constitution suivante du Comité confédéral.

Constitution.

ART. 3. — Le Comité Confédéral est constitué :

1° Par un délégué et un délégué suppléant par Fédération de métiers ou d'industrie.

Les syndicats admis isolément ne sont représentés au Comité Confédéral que par des délégués à titre consultatif, tant qu'ils ne sont pas au nombre de *trois*, chiffre minimum pour former une section d'industrie.

Toute section d'industrie formée d'après les présents statuts a droit à un délégué et à un suppléant.

Il ne pourra être admis plusieurs section d'une même industrie.

2° Par un délégué par Bourse du Travail, Union de syndicats locale ou régionale de syndicats divers.

Ces délégués doivent appartenir à l'une des organisations

adhérentes et être syndiqués depuis au moins 3 ans. Cette condition de stage n'aura pas d'effet rétroactif et ne sera pas applicable aux organisations n'ayant pas trois ans d'existence.

Les anciens statuts de la Confédération générale du Travail donnaient trois délégués aux Fédérations et Syndicats nationaux, nous vous proposons un délégué et un suppléant. Les délégués pouvant toujours en référer à leur organisation pour les questions importantes, le siège des Fédérations étant en général à Paris, où nous conservons le siège de la Confédération. Nous obtenons ainsi une diminution notable du nombre des délégués.

Nous n'avons donné aux délégués des Syndicats admis isolément à la Confédération générale du Travail que voix consultative, parce qu'après enquête nous avons reconnu que, dans l'état actuel, il est possible qu'à bref délai le nombre des Syndicats isolés dépasse celui des Fédérations et Syndicats nationaux, dans lequel cas ces Syndicats auraient pu, au détriment des Fédérations, créer une majorité fictive au sein du Comité confédéral.

Toutefois, pour ne pas mettre les syndicats isolés, eux non plus, en état d'infériorité, nous proposons que, lorsque *trois* syndicats peuvent être réunis en section d'industrie, cette section puisse avoir une représentation semblable à celle d'une Fédération ou d'un Syndicat national. Nous obligeons aussi les syndicats isolés à se former en Fédération, l'avantage de notre proposition est donc double.

Pour les Bourses du Travail qui n'ont que rarement l'importance d'une Fédération, nous avons pensé qu'un seul délégué suffisait.

De plus, nous savons que, si le nombre des Fédérations de métiers ou d'industrie est forcément limité, le nombre des Bourses du Travail ne l'est pas ; il peut à un moment donné y avoir en France autant de Bourses du Travail à peu près qu'il y a de préfectures et de sous-préfectures. Nous n'en sommes malheureusement pas encore là, mais nous pensons qu'il aura suffi de signaler ce fait pour montrer que les inconvénients sont nombreux et qu'il y aura lieu encore à des modifications de notre organisation dans l'avenir.

Cette question demandera un examen très sérieux, et à être étudiée dans l'avenir.

Nous avons identifié les Fédérations locales et régionales de Syndicats *divers* aux Bourses du Travail et leur donnons par conséquent une représentation identique.

En ce qui concerne le stage d'un syndiqué pour être délégué au Comité confédéral, nous croyons que la mesure inscrite dans les statuts de l'actuelle Confédération est une mesure sage, nous aurons ainsi un noyau de militants formés, bien au courant des questions qu'ils seront appelés à discuter, c'est pour ces raisons que nous conservons le stage de trois années.

Bien entendu ce stage n'a pas d'effet rétroactif pour les organisations n'ayant pas trois années d'existence.

En spécifiant qu'il ne pourra être admis à la Confédération générale du Travail deux sections d'une même industrie, nous pensons ainsi éviter des tiraillements toujours possibles entre organisations similaires. Le Comité fédéral reste, en dernier ressort, juge de l'admission et des différents qui pourraient se produire au sujet de la formation des sections d'industrie.

La Constitution organique de la Confédération étant ainsi établie, son premier soin est de nommer son bureau.

Nous vous proposons donc que le bureau soit composé comme suit, et définissons ensuite les attributions, les pouvoirs et le mode d'élection du bureau confédéral.

Art. 4. — Le Comité confédéral choisit parmi ses membres un Bureau composé comme suit :

> Un secrétaire.
> Un secrétaire adjoint.
> Un trésorier.
> Un trésorier adjoint.
> Un archiviste.

Art. 5. — Le bureau est renouvelé, chaque année, après le Congrès ; les membres sortants sont rééligibles.

Le Comité Confédéral avisera les organisations adhérentes, au moins *un mois* avant ce renouvellement, afin qu'elles puissent se réunir et désigner les candidats pour que les noms de ceux-ci puissent être publiés *quinze jours* avant l'élection.

Art. 6. — Le Comité Confédéral est chargé de l'administration de la Confédération, il est l'exécuteur des décisions du Congrès. Il intervient dans tous les événements intéressant la classe ouvrière.

Art. 7. — Le Comité Confédéral se réunit au moins une fois par mois.

Ses réunions alternent avec celles des Commissions instituées par l'article ci-après.

La Confédération Générale du Travail étant ainsi établie, la constitutution du Comité confédéral étant bien définie, il s'agit maintenant de diviser le travail à accomplir. La besogne est vaste, les besoins, action et organisation sont nombreux. A une machine appelée à bien fonctionner, il faut des rouages qui se rapportent bien, ces rouages, certes, sont divers, mais tous contribuent au résultat final.

Nous avons donc examiné quels étaient ces besoins

divers, et nous avons reconnu la nécessité ou tout au moins qu'il était utile, tout en ne créant pas trop d'éparpillement, que le Comité confédéral se subdivise comme suit en cinq grandes commissions. Et nous arrivons à cet article :

Art, 8. — Dans la première réunion qui suit le Congrès le Comité confédéral nomme ses Commissions :

Art. 9. — Le Comité Confédéral se subdivise en cinq grandes Commissions savoir :

1° La Commission des Fédérations, initiative et de propagande.

2° La Commission des Bourses du Travail.

3° La Commission des Grèves et de la Grève Générale.

4° La Commission du journal.

5° La Commission de contrôle.

Art. 10. — Chacune de ces Commissions élit son bureau particulier, chacun des secrétaires de Commission convoque ses adhérents et tient un registre de procès-verbaux.

Art. 11. — La Commission des Fédérations a pour mission de provoquer la formation de Fédérations d'industrie ou de métiers chaque fois que trois Syndicats isolés et pouvant être fédérés entre eux ont demandé leur adhésion à la Confédération. Elle prend l'initiative et soumet au Comité Fédéral toutes les questions ayant un caractère de propagande générale.

Art. 12. — La Commission des Bourses du Travail, a pour mission de s'occuper de la propagande au sein des Bourses, de provoquer la création de nouvelles et en général de tout ce qui a trait au rôle moral et éducatif.

Elle assure le fonctionnement de l'Office de statistique et de placement qui est placé sous son contrôle.

Art. 13. — La Commission de la Grève générale et des

grèves s'occupe spécialement de la propagande de la Grève générale. Elle intervient, s'il y a lieu, dans les grèves.

Art. 14. — La Commission du journal se réunit chaque semaine; elle assure la bonne administration et la rédaction du journal, conformément aux décisions des Congrès. Elle a plein pouvoir en ce qui concerne la rédaction, sauf à en référer au Comité fédéral s'il y a lieu.

Art. 15. — Le contrôle financier de la gestion du Comité confédéral est exercé par une Commission composée de sept délégués nommés au scrutin de liste par les organisations adhérentes à la Confédération.

La Commission de contrôle, nommée pour un an, se réunit sur la convocation de son secrétaire.

Elle vérifie la comptabilité et les finances, et établit un rapport trimestriel porté à la connaissance des organisations adhérentes et donne son avis sur le rapport financier présenté au Congrès par le Comité confédéral.

Art. 16. — Chacune de ces grandes Commissions pourra à son tour se subdiviser en autant de sous-commissions qu'elle jugera nécessaire à son bon fonctionnement.

Art. 17. — Le secrétaire de la Commission des Fédérations, initiative et propagande, est permanent et appointé par la Confédération.

Art. 18. — Pour en assurer les services, la Commission des Bourses du Travail a un secrétaire permanent.

Art. 19. — Pour assurer la publication régulière du journal, le secrétaire de la Commission est permanent, appointé par la Confédération.

Art. 20. — Les délégués des Bourses du Travail font partie de droit de la Commission des Bourses du Travail.

Atr. 21. — Les délégués des Fédérations font partie de droit de la Commission des Fédérations, initiative et de propagande.

Art. 22. — Indistinctement les délégués se répartissent dans les autres Commissions.

En établissant ainsi cinq grandes Commissions, la division du travail répond d'une façon satisfaisante, croyons-nous, aux différents besoins de la classe ouvrière organisée.

Nous avons aussi suffisamment défini les attributions de chacune d'elles pour qu'il n'y ait pas superfétation.

Chacune de ces Commissions étudie les questions qui lui sont propres, dresse un rapport, et en réfère, s'il y a lieu, au Comité confédéral.

En ce qui concerne la Commission des Bourses du travail, nous avons spécifié que le service de *Statistique et de placement*, qui, à l'heure actuelle, jouit, sous forme de subvention, d'un budget spécial, restait placé sous le contrôle de la Commission des Bourses. Nous lui assurons ainsi une autonomie que nous jugeons utile à son bon fonctionnement.

L'actuel Comité de la Grève générale devient l'une des grandes Commissions du Comité confédéral. Nous y avons rattaché tout ce qui concerne la résistance et les grèves. Nous vous dirons plus loin comment, en assurant à cette Commission un budget minimum, nous lui donnons le moyen de faire la propagande qui lui incombe en faveur de l'idée de *Grève générale*.

A la Commission du journal, il faut des militants d'un certain tact. La confection de l'organe confédéral, tous nous nous en rendons compte, est chose fort difficile. Mais, pour qu'un noyau de Camarades, pleins de bonne volonté, nous en sommes convaincus, ne parvienne pas un jour à s'ériger en censeurs, nous prévoyons qu'en dernier ressort le Comité confédéral reste seul juge des articles, notes ou communications qu'il y aurait lieu d'insérer ou de ne pas insérer dans l'organe confédéral.

Nous avons suffisamment défini le rôle de la Commission de contrôle et nous n'avons rien à ajouter.

Chaque Commission pourra créer dans son sein des Sous-Commissions. L'utilité de Sous-Commissions dans certains cas est tellement indéniable que nous ne croyons pas utile de nous livrer à des commentaires pour la justifier.

En raison des services et des diverses attributions de la Commission des Bourses du Travail, nous croyons utile que le secrétaire de cette Commission soit un permanent appointé. A l'article *cotisations*, nous prévoyons comment assurer les services de cette Commission qui doit dans l'avenir être apte à assurer les divers services de l'actuelle Fédération des Bourses du Travail.

De même nous prévoyons un secrétaire permanent pour assurer la publication régulière de l'organe confédéral.

Enfin, l'organisation que nous vous soumettons fait que chaque délégué fait partie de deux Commissions.

Nous prévoyons, en effet, que chaque délégué fait partie de la Commission qui dépend de l'organisation qui l'a délégué — ce qui n'est que trop juste — et comme il était nécessaire et de bonne organisation qu'il y ait dans les autres Commissions — ce qui est une résultante immédiate de l'*Unité ouvrière* — des délégués des deux organismes, l'article 22 spécifie que ce sont « indistinctement » *tous* les délégués au Comité confédéral qui se répartissent dans les autres Commissions. Il est, en effet, nécessaire qu'il y ait des délégués à la fois des Bourses du Travail et des Fédérations au sein des Commissions de la Grève générale, du Journal et de Contrôle.

Voici donc la constitution confédérale, la constitution du Comité et celle des Commissions bien définie, il ne nous reste plus qu'à assurer l'existence de l'organisme que nous avons créé. Pour assurer cette existence, il a fallu établir un budget alimenté par les organisations adhérentes; le budget est formé par les cotisations que nous vous proposons de fixer comme suit :

Cotisations.

ART. 23. — La cotisation mensuelle des organisations adhérentes est fixée comme suit :

Pour les Fédérations nationales d'industrie ou de métiers ou pour les Syndicats nationaux, à 0 fr. 45 c. par cent membres ou par fraction de cent membres.

De même pour les Syndicats isolés qui ne sont pas formés en section d'industrie, mais sans que cette cotisation soit inférieure à 1 franc par mois.

Pour les Bourses du Travail, Unions de Syndicats locales et régionales, à 0 fr. 40 c. par Syndicat adhérent et par mois, mais sans que chacun de ces organismes puisse payer pour moins de cinq Syndicats.

ART. 24. — Les cotisations des Bourses du Travail ou Unions locales doivent, avant toute autre destination, servir à assurer les services relatifs aux Bourses.

S'il y a lieu, le reliquat servira à la propagande générale.

ART. 25. — Un prélèvement de 10 0/0 est fait sur toutes les cotisations perçues par le Comité confédéral, qui sera mis à la disposition du Comité de la Grève générale, qui l'emploiera à la propagande.

Le projet que nous vous présentons, comme vous avez pu le remarquer, prévoit : 1° une augmentation de 0 fr. 05 par 100 membres adhérents à chacune des Fédérations qui font partie de la Confédération générale du Travail ; 2° Une augmentation de 0 fr. 05 par syndicat adhérent à une Bourse du Travail ; autrement dit nous portons à 0 fr. 45 la cotisation des Fédérations qui est actuellement de 0 fr. 40 et de 0 fr. 35 à 0 fr. 40 la cotisation des unités syndicales qui font partie du Comité des Bourses du Travail.

Ceci demande quelques explications. Dans la partie qui a trait à la constitution des Commissions, nous vous avons dit que nous nous expliquerions plus loin en ce qui concerne la Commission des grèves et de la Grève générale.

Cette Commission, dans notre esprit, comme il était dans l'esprit des Congrès qui ont décidé la constitution d'un Comité de la Grève générale, a pour objectif principal de faire de la propagande et de développer auprès des travailleurs l'idée de grève générale. Les moyens sont divers et ont été employés tour à tour par l'ancien Comité. Journal, brochures, affiches, réunions, etc., etc. Pour faire cette propagande il faut de l'argent.

Le mode de perception des cotisations admis au Congrès de Lyon pour assurer le fonctionnement du Comité de la Grève générale, n'a pas répondu à l'attente de ceux-là même qui en avaient fait la proposition. Le Comité nommé à Lyon n'a pu faire qu'une partie de la propagande qui lui incombait, faute des cotisations qui ne lui ont pas été versées.

Pour notre part, nous n'en sommes pas autrement surpris. Il y avait un peu superfétation : cotisation, 1° à la Confédération ; 2° au Comité de la Grève générale. La majorité des organisations qui s'y étaient engagées à Lyon n'ont pas versé ces dernières cotisations. Nous en avons conclu que le mode de perception laissait à désirer et devait être changé.

Après avoir étudié la question comme il convenait, nous avons pensé que seule la cotisation unique pouvait convenir et avait raison d'être.

Nous nous proposons donc de relever la cotisation

confédérale d'environ 10 0/0, ce qui équivaut à peu près à la cotisation que, suivant les engagements qu'elles ont pris, les organisations devaient verser au Comité de la Grève générale. Cette différence entre les anciennes cotisations et celles que nous vous proposons formera le budget de la Commission de la Grève générale qui s'en servira pour la propagande.

Aucune organisation n'est lésée par notre projet et toutes se trouvent ainsi obligées de tenir leurs engagements et de se conformer aux décisions des Congrès. L'avantage de notre proposition est donc double.

Nous prévoyons aussi dans le projet que nous soumettons à votre approbation « qu'avant toute autre destination, les cotisations des Bourses du Travail servent à en assurer les services ». Ce paragraphe qui, nous en sommes persuadés, n'aura plus sa raison d'être dans l'avenir, a son utilité aujourd'hui.

Beaucoup de Bourses du Travail peuvent penser qu'en rattachant leur Fédération — qu'elles ont, avec beaucoup de sacrifices, créée et maintenue depuis huit années — à la Confédération générale du Travail, c'est une diminution d'elles-mêmes au profit des Fédérations qui est le but de l'Unité ouvrière. — Cela s'est dit — aussi avons-nous pensé que le meilleur moyen de répondre et surtout de montrer aux Bourses, que tous nous reconnaissons l'utilité de la propagande et de tout ce qui s'est fait jusqu'à ce jour au sein de la Fédération des Bourses, que, pour calmer toutes les susceptibilités à cet égard, nous prévoyons et spécifions que les cotisations des Bourses servent à en assurer les services. C'est là, croyons-nous, la meilleure garantie pour toutes les Bourses que l'*Unité ouvrière* ne cache aucun piège à leur détriment.

Au reste, nous ne pensons pas qu'aucune de nos

grandes Fédérations de métiers ou d'industrie puisse trouver à redire qu'il en soit ainsi.

Pour les questions de « suspensions, démissions, radiations », nous avons conservé le texte des statuts qui régissent actuellement la Confédération. Les articles relatifs à ces questions nous ont paru suffisamment clairs et explicites, aussi nous proposons la rédaction suivante qui, nous le répétons, est celle des statuts de la Confédération :

Suspensions, démissions, radiations.

Art. 26. — Toute organisation en retard de plus de trois mois est considérée comme démissionnaire après une lettre d'avis recommandée restée sans effet.

Art. 27. — Pour tous les cas, autres que ceux prévus par l'article précédent, la radiation ne pourra être proposée que par un Congrès.

Toutefois, dans une circonstance grave, le Comité confédéral peut prononcer la suspension de l'organisation incriminée, après avoir pris l'avis de toutes les organisations adhérentes.

Art. 28. — L'organisation suspendue ou sous le coup d'une radiation sera appelée à se justifier devant le Congrès.

Les cotisations versées par les organisations démissionnaires ou radiées restent acquises à la Confédération.

Il ne nous reste plus à présent qu'à envisager la question des Congrès et à établir, par un article des statuts, de l'organisation dont nous vous avons expliqué le fonctionnement dans ses moindres détails, dans quelles conditions elle tiendra son Congrès.

Nous étonnerons sans doute beaucoup de camarades en disant que c'est dans leur dernière séance seulement

— il en a été tenu huit — que les membres de la Commission sont arrivés à se mettre d'accord. Deux questions que la Commission a jugées très importantes se présentent ici :

1° Le Congrès tenu à Lyon, en 1901, avait décidé qu'à l'avenir les Congrès n'auraient plus lieu que tous les deux ans ; 2° Le Congrès tenu annuellement par les Bourses du Travail devra-t-il être dans l'avenir complètement supprimé ?

Ces questions n'étaient pas sans importance et ce n'est qu'après une longue discussion que la Commission est parvenue à se mettre d'accord et a décidé de vous demander de ratifier ce qui suit :

Art. 29. — Le Comité Confédéral a charge d'organiser annuellement un Congrès où seules seront invitées à prendre part les organisations qui, soit directement, soit par l'intermédiaire de leur Fédération, sont adhérentes à la Confédération.

Art. 30. — Le Comité Confédéral peut déléguer partie de ses pouvoirs à une Commission nommée par les organisations confédérées siégeant dans la ville où se tiendra le Congrès.

Art. 31. — L'ordre du jour du Congrès est établi par le Comité Confédéral sur les propositions des organisations adhérentes ; le nombre des questions à discuter sera très réduit à seule fin que toute question à l'ordre du jour puisse être étudiée à fond.

Art. 32. — Ne pourront assister au Congrès que les organisations au pair de leurs cotisations — sauf le cas de force majeure — au moment où le Rapport financier, qui doit être soumis au Congrès, sera établi.

Art. 33. — Les Bourses du Travail pourront, si elles le

jugent utile, dans la semaine qui précédera le Congrès de la Confédération, et dans la même ville, tenir une réunion où seraient discutées les questions purement administratives du ressort de ces institutions ; sauf à dresser un Rapport d'ensemble qui sera soumis à l'approbation du Congrès.

Comme vous avez pu le voir dans ce que nous proposons à votre approbation, nous revenons sur la décision du Congrès de Lyon qui, sauf en ce qui concerne la présente année, n'avait prévu pour l'avenir qu'un Congrès tous les deux ans.

Nous demandons que seules les organisations adhérentes à la Confédération puissent prendre part aux discussions des Congrès.

Enfin, point assez important, nous prévoyons que les Bourses du Travail pourront tenir une réunion administrative.

Cela demande quelques explications.

Tenue annuelle des Congrès.

Les Congrès ont le grand avantage de mettre en présence les militants de tous les points de la nation qui se communiquent le fruit de leurs observations, le résultat de leurs travaux, et les camarades moins compétents y viennent s'initier aux rouages de nos organisations.

Tous s'instruisent et préparent la besogne à faire. La valeur des arguments produits dans les diverses discussions qui ont lieu ouvrent des horizons nouveaux à tous.

Les Congrès sont des tribunes libres où l'on groupe les faits pour les vulgariser ensuite.

C'est dans ces réunions que se nouent des relations entre les militants. On fait plus ample connaissance. Il s'y forme là des liens d'amitiés utiles au progrès et à la solidarité humaine.

Ces rapports d'amitié sont peut-être ce que les Congrès donnent de plus utile. Des préjugés, des malentendus disparaissent ; on se renseigne mutuellement et ainsi se forme petit à petit la grande famille ouvrière.

Des esprits faibles ou grossiers ne voient dans ces réunions que des occasions de s'amuser. Ce sont là des vues mesquines qu'il ne convient même pas de discuter.

L'utilité des Congrès peut être contestée *en tant que réunions pour l'action;* mais on ne peut nier leur avantage pour la discussion. Tous ceux qui y prennent part, qui s'occupent activement, gagnent en lumière et la controverse nécessite de nouvelles études.

Personne ne peut donc nier le profit des Congrès. Il y a lutte des idées ; leur rôle est sérieux, mais nous ne pouvons et ne devons leur demander plus qu'ils ne peuvent donner.

On cherche surtout à convaincre les adversaires ; on sait d'avance qu'on ne parviendra pas à les persuader tous, car on peut parfois démontrer la vérité sans réussir à entraîner ceux qui ne veulent pas l'admettre, parce qu'ils croient que leur intérêt direct, immédiat est en opposition avec le progrès.

En dehors de ces avantages moraux il y a des avantages matériels, la propagande faite autour de la tenue d'un Congrès, l'agitation qu'il provoque dans la ville où il a lieu, et l'on a pu constater une recrudescence du mouvement syndical dans les villes et après la tenue de chacune de nos assises du travail. Les camarades le savent si bien que tous voudraient à la fois le voir tenir dans leur ville.

Aussi, nous pensons que dans notre société capitaliste une revue annuelle de nos forces n'a rien d'exagéré.

Enfin, peut-être n'est-il pas inutile de faire remarquer

que nos camarades des autres pays tiennent annuellement leur Congrès.

Pour toutes ces raisons et pour bien d'autres encore, nous vous invitons à demander de rapporter la décision du Congrès de Lyon et de fixer annuellement la tenue de nos Congrès.

En ce qui concerne la question des organisations qui pourront prendre part au Congrès, nous n'avons que peu d'explications à vous présenter. En demandant que seules les organisations adhérentes, directement ou par leur Fédération, à la Confédération puissent assister au Congrès, nous vous demandons de ratifier la décision prise l'an dernier à Lyon.

Cela est une mesure sage et vous comprendrez tout ce qu'il y aurait d'anormal à ce que des organisations que rien n'engagerait pour l'avenir, puissent venir dans nos Congrès peser sur une décision ou par un vote qui ne les engagerait pas, et pouvoir ainsi engager les organisations adhérentes à la Confédération dans une voie qu'elles ne seraient pas tenues de suivre elles-mêmes. Au reste, la décision prise par le Comité général dans sa séance du 20 août dernier (1) est trop conforme à ce que nous vous proposons pour qu'il y ait lieu d'insister.

Un seul point — et ce sera le dernier — nous reste à examiner. Celui qui prévoit que les Bourses du Travail pourront, avant le Congrès corporatif, dans la

---

(1) Le Comité général de l'Union des syndicats de la Seine donne mandat à son délégué au Congrès de Montpellier de soumettre et de défendre la proposition suivante : « Dans un délai à déterminer, tout syndicat non confédéré ne pourra adhérer à la Bourse du Travail de sa localité et tout syndicat confédéré devra adhérer à la Bourse locale, ou sera rayé de sa Fédération. »

semaine qui précède et dans la même ville tenir une réunion purement et essentiellement administrative.

Dans notre exposé général, puis dans la partie qui a trait à la constitution organique, nous avons bien défini le rôle et les attributions de la Commission des Bourses du Travail; inutile, croyons-nous, d'y revenir. Un exemple ou deux montrera mieux l'utilité des réunions que nous prévoyons entre Bourses du Travail, qu'une nouvelle définition des attributions de ces organisations.

Nous prendrons une question qui est à l'étude des Bourses depuis pas mal de temps et qui, nous l'espérons, sera réalisée un jour prochain, car son utilité est incontestable.

Nous voulons parler des *Musées du Travail.* Les Musées du Travail installés dans chaque Bourse ont pour but de permettre aux travailleurs qui arrivent dans une ville de pouvoir se rendre compte en même temps que de l'industrie locale et du nombre de travailleurs nécessaire à chacune de ces industries, des salaires payés, du temps de travail, des conditions générales du travail, etc., etc., et d'autre part du coût et des conditions de l'existence dans cette même localité.

Aussi d'exposer dans chaque Bourse des échantillons d'objets fabriqués, d'y noter la provenance des matières premières nécessaires à ces industries, etc., etc.

Tout dans cet ordre d'idées est encore à faire et est incontestablement du ressort des Bourses du Travail. Cela rentre dans ce que nous avons défini le rôle « éducatif » de ces organisations.

Pour établir dans leur sein ces importants services — appelés à être utiles à tous il y a nécessité à ce que les Bourses se concertent entre elles, se communiquent leurs tentatives, discutent l'organisation la plus rationnelle, etc., etc.

Ce sont ces questions — de pure organisation, ne soulevant aucune question de principe ou autre — que nous prévoyons devoir se traiter dans les réunions de Bourses qui précéderaient le Congrès.

De même les questions de placement ou de cours professionnels, toutes essentiellement administratives.

En laissant aux Bourses du Travail le soin de discuter entre elles ces questions d'organisation intérieure, nous évitons ainsi des pertes de temps très sensibles. De plus, ce sont ceux qui sont appelés à en faire l'application, à organiser ces services qui, les ayant étudiés à fond, peuvent d'autant mieux les discuter avec fruits.

Les autres grandes questions restent à discuter dans le Congrès général qui réunit tous les syndicats confédérés. Ce sont les questions de lutte, les méthodes de combat, l'étude des projets de loi soumis à la classe ouvrière par la bourgeoisie capitaliste, etc., etc.

En laissant aux Bourses le soin de discuter entre elles des questions purement administratives, ce n'est nullement que cela soit, bien entendu, une prérogative que nous leur accordons, mais une division du travail nécessaire que nous établissons.

Deux questions qui, tout en ayant leur importance, ne peuvent cependant soulever aucune discussion de fond, restent à examiner.

Il suffit, pensons-nous, de les fixer par un article de statuts. La première a trait au siège de la Confédération générale du Travail que nous laissons fixé à Paris, car là seulement, croyons-nous, il est possible de trouver un noyau de militants suffisant pour assurer les services si divers de cette organisation.

Enfin, l'article fixant les conditions dans lesquelles les statuts de la Confédération générale du Travail seront modifiables, nous proposons la rédaction suivante pour ces articles :

Art. 34. — Le siège social de la Confédération générale du travail est fixé à Paris.

Révision des Statuts.

Art. 35. — Les présents Statuts ne peuvent être modifiés que par un Congrès, à la condition que le texte des propositions de modification ait été publié dans l'ordre du jour de ce Congrès.

Nous avons terminé et n'ajouterons que quelques mots, ayant suffisamment développé l'intérêt du projet que nous vous présentons dans l'exposé général que nous en avons fait au début.

Point par point, article par article, nous avons, en établissant les statuts d'une organisation vraiment unitaire, exposé comment et dans quelles conditions nous entendons la faire se mouvoir et vivre.

Certes, nous l'avons dit et nous le répétons, le projet que nous vous soumettons n'est pas exempt de critiques. L'application nous en laissera voir les défauts. Mais tel quel, nous croyons qu'en l'adoptant vous doterez le prolétariat économiquement organisé d'un organisme qui répond bien aux besoins et aux aspirations si divers de la classe ouvrière.

Aux Bourses du Travail, l'organisation utilitaire, morale, éducative et intellectuelle ; aux Fédérations de métiers et d'industrie les questions de résistance, de lutte et de combat.

Puis, réunis dans un faisceau unique, ces groupements divers étant l'émanation directe du prolétariat organisé, nous pourrons, forts et solidaires, acquérir cette conscience et cette force qui nous permettra de nous rendre maîtres un jour des instruments de travail et des moyens de production, seul moyen de faire enfin de nous des hommes vraiment libres dans une Société libre.

La Commission
de l'Union des Syndicats de la Seine

Paris. — Imprimerie Nouvelle (association ouvrière), 11, rue Cadet. — 1503-2.
A. Mangeot, directeur.

LE RECUEIL DES LOIS OUVRIÈRES

L'Union des Syndicats du département de la Seine, tient à la disposition des Syndicats, Fédérations, Bourses du Travail, le **Recueil des Lois ouvrières**, ouvrage de 264 pages, qu'elle édita en 1899, contenant 54 lois, décrets, arrêtés et circulaires ministériels, intéressant la classe des travailleurs.

Ce Recueil est mis en vente au prix de **0 fr. 50 c.** l'exemplaire, au Siège de l'**Union des Syndicats.**

Pour le recevoir *franco à domicile*, ajouter pour un exemplaire, par la poste, **0 fr. 30 c.**, et pour deux exemplaires, **0 fr. 55 c.**

PAR COLIS POSTAL :

De 3 kilog. contenant de 3 à 10 Recueils : en gare, 0 fr. 60 c.; à domicile, 0 fr. 85 c. ;

De 5 kilog. contenant de 11 à 17 Recueils : en gare, 0 fr. 80 c.; à domicile, 1 fr. 05 c.

De 10 kilog. contenant de 18 à 35 Recueils : en gare, 1 fr. 25 c.; à domicile, 1 fr. 50 c. ;

Plus l'emballage, qui est de 0 fr. 25 c. par colis postal.

LES ROUGES ET LES JAUNES

Brochure de propagande syndicale, **Les Rouges et les Jaunes** (36 pages in-18 jésus), sur les agissements du sieur Lanoir.

Cette brochure est mise en vente à l'Union des Syndicats de la Seine, Bourse centrale du Travail, 3, rue du Château-d'Eau, au prix de **0 fr. 10 l'exemplaire et 7 francs le 100.**

Franco à domicile, en plus, par la poste :

Pour 1 ou 2 brochures, 0 fr. 05.
Pour 5 brochures, 0 fr. 10.
Pour 10 brochures, 0 fr. 20.
Pour 15 brochures, 0 fr. 30.
Pour 20 brochures, 0 fr. 40.
Pour 25 brochures, 0 fr. 50.
Pour 50 brochures, 1 franc.

Par colis postal, en plus des brochures demandées :

De 3 kilog., contenant 50 à 125 brochures; en gare, 0 fr. 60; à domicile, 0 fr. 85.

De 5 kilog., contenant de 126 à 250 brochures; en gare, 0 fr. 80; à domicile, 1 fr. 05.

De 10 kilog., contenant de 251 à 500 brochures; en gare, 1 fr. 25; à domicile, 1 fr. 50.

Afin d'éviter des frais de correspondance, prière de joindre le montant de l'expédition au montant des brochures demandées et l'adresser au citoyen A. Baumé, secrétaire de l'Union des Syndicats, Bourse du Travail, Paris, 3, rue du Château-d'Eau, qui les expédiera aussitôt.

www.ingramcontent.com/pod-product-compliance
Lightning Source LLC
LaVergne TN
LVHW012321050726
842524LV00004B/1535